PAREI DE SENTIR MEDO

Frei Jaime Bettega

PAREI DE SENTIR MEDO

quando me lembrei de quem eram as mãos que me sustentavam

Dados Internacionais de Catalogação na Publicação (CIP)
(Câmara Brasileira do Livro, SP, Brasil)

Bettega, Jaime
    Parei de sentir medo : quando me lembrei de quem eram as mãos que me sustentavam / Jaime Bettega. – São Paulo : Paulinas, 2017. – (Coleção melhor remédio. Série reflexões e orações)

    ISBN: 978-85-356-4291-9

    1. Conduta de vida 2. Deus 3. Espiritualidade 4. Fé 5. Medo - Aspectos religiosos 6. Reflexões 7. Vida cristã I. Título. II. Série.

17-03499   CDD-248.4

Índice para catálogo sistemático:
1. Fé em Deus : Vida cristã   248.4

1ª edição – 2017
1ª reimpressão – 2020

Direção-geral: *Flávia Reginatto*
Editora responsável: *Andréia Schweitzer*
Copidesque: *Ana Cecilia Mari*
Coordenação de revisão: *Marina Mendonça*
Revisão: *Sandra Sinzato*
Gerente de produção: *Felício Calegaro Neto*
Produção de arte: *Claudio Tito Braghini Junior*
Fotos do miolo: *dreamstime.com e stock.xchng (p. 13)*
Foto de capa: *dreamstime.com*
Foto do autor: *João Carlos Romanini*

Nenhuma parte desta obra pode ser reproduzida ou transmitida por qualquer forma e/ou quaisquer meios (eletrônico ou mecânico, incluindo fotocópia e gravação) ou arquivada em qualquer sistema ou banco de dados sem permissão escrita da Editora. Direitos reservados.

Paulinas
Rua Dona Inácia Uchoa, 62
04110-020 – São Paulo – SP (Brasil)
Tel.: (11) 2125-3500
http://www.paulinas.com.br – editora@paulinas.com.br
Telemarketing e SAC: 0800-7010081
© Pia Sociedade Filhas de São Paulo – São Paulo, 2017

A vida é um dom precioso. Mesmo que pareça natural sentir medo, ninguém deveria acomodar-se diante de tal sentimento. O medo rouba o que existe de mais eloquente: o desejo de viver com plenitude. Em cada página, conjugada com a harmonia das imagens, na leveza do coração, verdadeiros encontros acontecerão. A fé é capaz de neutralizar a força que o medo aparenta ter. Acreditar em Deus é uma resposta de amor, um caminho de paz, um jeito criativo de viver a esperança. Só vive sem medo quem experimenta as surpresas diárias que brotam do coração do Criador. Vamos caminhar juntos, descobrindo os segredos que estão nas entrelinhas desta obra dedicada a você, que sempre sonhou viver com alegria e com serenidade. Paz e Bem!

Parei de sentir medo, quando me lembrei de quem eram as mãos que me sustentavam

A confiança é capaz de aliviar os dias e inspirar uma força extraordinária. Ninguém vive sem confiar em alguém ou em alguma coisa. Para muitas pessoas, a segurança está no material: ter coisas é sinônimo de viver bem. Para outros, a total confiança está numa pessoa. Mas há aqueles que confiam em Deus. Num determinado momento, o humano se encontra com o Divino, a imanência ascende até a transcendência. A experiência de encontro com Deus simplesmente transforma a vida. O medo vai embora, quando fica evidente quais são as mãos que sustentam os passos.

Contar com a mão de Deus é algo extraordinário. Ele está sempre pronto para erguer, sustentar e abençoar. Por amar incondicionalmente, ele aceita até mesmo o distanciamento. Porém, não cansa de esperar o retorno. Quem, um dia, provou do amor do Senhor, não consegue ficar distante. Responder ao amor de Deus não é uma obrigação. É algo que brota livremente do coração. Quem se sente amado, espontaneamente ama. Sentir medo é um tanto natural. Viver com medo não faz bem. A experiência de fé tem libertado muitos corações do medo excessivo.

A confiança em Deus é um bálsamo que afasta a insegurança e proporciona a serenidade de quem realmente entendeu de onde veio e para onde vai. Há muitos modos de encaminhar a vida. Sempre vai existir alguém que não acredita em nada. Isso não nos deve preocupar. As escolhas são seladas pela liberdade. Mas há aquele que se deixou tocar pela mão Deus. Sua vida se modifica. Os passos ficam mais firmes, o coração pulsa na alegria, uma luz acompanha, uma força determina. Como é maravilhoso lembrar quais as mãos que sustentam o nosso viver.

Quando você passar por momentos difíceis e se perguntar onde está Deus, lembre-se de que, durante uma prova, o professor permanece em silêncio

A vida é um dom maravilhoso. Somente Deus para nos fazer assim tão plenos. Ele nada poupou ao criar o ser humano: usou sua própria imagem! A primeira semelhança do ser humano não é com os outros humanos, mas com o próprio Deus. Porém, o mesmo Deus que cria, é o Deus que silencia. Deus não usa muitas palavras. Contempla sua obra-prima. Permite ao humano a autonomia de quem se sente plenamente amado. O amor é capaz de inspirar a liberdade. Quem ama é livre. Deus é a própria liberdade. A liberdade aguarda por escolhas. Toda escolha tem suas consequências. Alguns momentos são exigentes. Outros são doloridos. Gostaríamos de que Deus se pronunciasse, quando a dor chega. Mas Deus permanece em silêncio. A comunicação se dá em outro sentido. Um silêncio que não é distanciamento. Deus é presença e pertença. Silêncio não é indiferença. Ele age no tempo certo. Muitas vezes, ele deixa terminar a "prova" para abraçar-nos e acalmar-nos.

A maioria das pessoas acha que a fé em Deus deveria isentá-las de qualquer dificuldade ou dor. O fato de se ser humano carrega consigo as limitações próprias dessa condição. A fragilidade é inerente. Muitas vezes sofremos e outras vezes fazemos sofrer. Quando a dor se aproximar, é inútil perguntar onde está Deus. Ele nunca se afasta. O mesmo não pode ser afirmado da parte dos humanos. Quanta facilidade de viver em outros caminhos, distantes da vontade de Deus. O silêncio de Deus só pode ser compreendido pela fé. É até bom que ele faça uso do silêncio nos nossos momentos doloridos. Dor não tem explicação. Só se ameniza quando há aceitação. Durante uma prova, o professor permanece em silêncio.

Não tinha quase nada além da fé. Foi o suficiente

De um jeito ou de outro, todos chegamos, com muito esforço, onde estamos hoje. Para alguns, a luta foi árdua. Para outros, menos exigente. A origem humilde pode ajudar na valorização das coisas. Ter o necessário tem sido o sonho mais acalentado pela humanidade. Uma parcela da população continua com fome, sem ter o que comer. A solidariedade continuará sendo um exercício praticamente diário para que todos possam ter o necessário. Pensar só em si não faz bem. Pensar só nos outros pode levar a um desconforto. Há um ponto de equilíbrio a ser encontrado. A fé é a grande inspiradora da caridade e da solidariedade. As condições materiais podem ser mínimas, mas, se a fé tiver a intensidade ideal, a vida se encaminhará. É suficiente ter fé. Mais ainda: é necessário ter fé. Tudo pode surpreender se a chama da fé permanecer acesa. Evidente que a fé não resolve os problemas. Mas ela é capaz de fazer acontecer muitos milagres. Onde há fé, as forças se somam e a superação acontece; com a luz da fé, os caminhos se tornam mais evidentes e as realizações vão se alternando.

A humanidade tem ainda um longo aprendizado a ser construído. Muitas pessoas estão bem distantes da verdadeira experiência da fé. Algumas até ensaiam viver à margem da espiritualidade. Sem fé é impossível ser um humano completo. A espiritualidade humaniza e transforma. Quem carrega consigo e desenvolve o dom da fé é capaz de empreender uma trajetória repleta de realizações. A fé abre caminhos, reúne as melhores energias, inspira os mais consistentes sonhos, eleva os pensamentos e enche o coração de alegria. Não importa quantas coisas uma pessoa possui. Talvez não tenha quase nada, além da fé. Mas quem tem fé, tem sempre o suficiente para abraçar a vida da forma como ela se apresenta. "Senhor, aumente a minha fé!"

> "Eu acredito em Deus não porque posso vê-lo, mas porque com ele posso ver verdadeiramente tudo o que existe" (C. S. Lewis)

A vida é um acontecimento único. Longa ou curta, rápida ou demorada, sempre haverá uma história a ser contada, um fato a ser detalhado, uma saudade a ser provada. Viver é um privilégio. O que fazer com a vida depende muito dos objetivos, das oportunidades e dos próprios desafios. Um dia a vida perguntará o que foi feito dos sonhos, dos dons recebidos, da capacidade de amar. É bem interessante perceber que a autonomia diante da vida é geradora de responsabilidade. Se existe um investimento, haverá um retorno. A indiferença nunca provocará realização. Só viver não basta. É importante acreditar na vida e no Deus da vida. Nosso Deus não é visível. Ele é manifestação. Quando acredito nele, a visão se transforma, a revelação acontece.

A fé possibilita uma percepção incrível. Os iniciantes na fé perguntam: onde está Deus? Os que já fizeram a experiência de Deus, percebem a sua presença em todos os lugares. É bem assim: o encontro com Deus muda a visão; passamos a ver tudo o que existe, com um olhar mais criterioso. Até o voar manso de uma borboleta pode oportunizar um momento de contemplação. Com a presença de Deus em nossa vida, os detalhes se tornam significativos, a natureza assume uma linguagem bem compreensível, o cantar dos pássaros eleva a alma, as flores provocam infinita admiração. A presença de Deus garante qualidade à vida. Há os que buscam a Deus quando precisam solucionar algum problema; mas há os que não vivem mais sem Deus. É tão bom poder dizer e rezar: "Vem, Senhor Jesus, o mundo precisa de ti". Ele veio no primeiro Natal. Ele virá neste Natal. Ele vem a cada amanhecer! Que o coração humano seja a manjedoura onde o Menino de Belém possa nascer.

Quando tudo estiver errado, feche os olhos e fale com aquele que ouve até seu silêncio

A vida tem de tudo um pouco. Entre erros e acertos, a história existencial vai acontecendo. Os erros não atrapalham os planos, apenas agregam lentidão e aprendizado, quando há espaço para a maturidade. Há alguns dias em que sentimos necessidade de quietude, de paz interior, de silêncio exterior. Saudade de solidão é algo que se pode repetir, de tempos em tempos. Não se trata de isolamento, mas de recolhimento. No silêncio, Deus se manifesta e torna eloquente sua comunicação. É empolgante saber que existe alguém que ouve até nosso silêncio. Por vezes, o silêncio interior é interrompido por tantos ruídos que cercam o cotidiano. Há dias em que um turbilhão de sentimentos e pensamentos tentam nos desconsertar. Dialogar consigo mesmo pode tornar mais claras as opções e fazer com que reavaliemos nossas atitudes. Momentos assim, repletos de interferências, podem facilitar conclusões precipitadas: acharmos que tudo está errado. E não é bem assim. Há muita coisa dando certo. Inúmeras barreiras já foram vencidas. Chegarmos aonde estamos, já é uma grande vitória. Por isso, não dê tanto "volume" ao que está errado. Coloque erros e acertos, lado a lado. Você se surpreenderá com tantas conquistas. Aquele que nunca nos abandona está sempre pronto a nos erguer e mostrar um novo caminho.

É Deus que alcança o perdão e consola o nosso coração, tantas vezes inquieto e agitado. Fechar os olhos, por uns instantes, faz bem ao corpo e à alma. Falar com Deus é um privilégio. Não há necessidade de agendar nem de marcar um lugar. Sempre é hora de falar com ele. Além de tudo, ele nos escuta com um amor sem igual. Quando falamos com Deus, damo-nos conta de que nem tudo está perdido. Ele acolhe até nossas contradições. Ainda bem! Muita confiança no Senhor.

Deus faz hoje o que só entenderemos amanhã

Nosso Deus está em contínuo movimento, sempre em função de suas criaturas amadas. Quando ele criou o ser humano, deu um toque especial: criou-o a sua imagem e semelhança. Somos "parecidos" com Deus. Ele capacitou-nos para o amor. Independentemente do agir humano, ele tem um amor incondicional que concede as melhores bênçãos.

Deus nos ama assim como somos. Ele tudo sabe do nosso viver. Sabe até a palavra que ainda nem chegou a ser pensada e que iremos pronunciar. Conhece o nosso ontem e o nosso amanhã. A cada amanhecer, dá-nos oportunidade de recomeçar. Aceita todos os nossos pedidos. Está sempre pronto para dialogar conosco. Não atende a tudo o que expressamos necessitar. Pensa no que é melhor para suas criaturas. Por isso, Deus faz hoje o que só entenderemos, talvez, amanhã. De nada adianta insistir: ele só faz o melhor, independentemente da nossa compreensão.

Por mais que sejamos insistentes, o amor de Deus conhece a fundo o nosso ser e sabe de nossas necessidades. Quantas vezes não entendemos o agir de Deus! Alguns até se revoltam. Deus, no entanto, permanece firme no seu propósito. Não se trata de dureza, nem de insensibilidade. Deus simplesmente ama. Um amor que tudo perdoa, tudo acolhe, tudo recompõe. Seus "braços" nos abraçam ternamente. O pulsar de seu coração embala o compasso de nosso coração. Sua misericórdia nos convida ao perdão. Sabe das nossas resistências e dificuldades. Mesmo assim, nos ama infinitamente. De nada adianta querer que Deus tenha um pensar igual ao do ser humano. Deus sempre será divino. Porém, seu olhar não perde de vista nossos passos. Sua bondade nos encontra onde quer que estejamos. Amanhã será um novo dia. O que não compreendemos hoje, será revelado no amanhã do nosso viver. Feliz de quem espera no Senhor.

Aqueles que confiam no Senhor sabem que os dias de luta são apenas uma ponte para os dias de vitória!

A confiança é muito mais que um sentimento. É uma postura, um acreditar profundo, uma essência. Quem confia em Deus tem diante de si uma ponte que une as margens entre a luta e a vitória. Além da ponte, há uma mão estendida que aguarda para apoiar, segurar fortemente, erguer. Contar com a mão de Deus é o que inspira e determina. Se não fosse a mão de Deus, seria um tanto difícil caminhar entre o vendaval e a brisa suave. Confiar em Deus não acomoda, pelo contrário, a confiança nele gera um desejo profundo de emprestar um pouco das nossas forças para que ele seja o tudo do nosso viver. Os dias de luta não são mais árduos que em outros tempos. Talvez estejamos um pouco mais fracos. A corrida é tão grande, os apelos são insistentes, a fragilidade é instigante. O pouco tempo dedicado à espiritualidade pode estar neutralizando a convicção de que tudo vai passar.

Confiar no Senhor é uma forma inteligente e criativa de aproximar o humano do divino, a fraqueza da fortaleza, o desconforto emocional da serenidade própria de um Deus que nos abraça assim como somos, simplesmente porque nos ama. Os dias de luta não findam, nem os dias de vitória conhecem o ocaso. Entre lutas e vitórias, é necessário ir adiante, erguendo a cabeça, realimentando-se de paz. Construir pontes deve ser a especialidade de quem tem fé. Mesmo que o desânimo tente se aproximar, é com a fé que os enfrentamentos se dão, a ponto de percebermos que a própria luta já carrega consigo a vitória. Não sabemos como serão os próximos dias, mas temos consciência de que Deus nunca se distrai, nem se esquece do que se passa no coração de cada um de nós. Como é confortante segurar na mão de Deus e aquietar-se no embalo do seu colo, com a certeza de que a proteção e o amor nunca falham. Amém.

A felicidade está onde o coração encontra repouso

Vivemos um tempo de agitação e de pressa. Muitos já nem sabem por que estão correndo. Corações cansados acabam nem recordando que é possível repousar. Sim, o coração necessita de um "lugar" para repousar. Evidentemente que ele também cansa. Às vezes, se inquieta; outras vezes, se apressa... Ah, esse coração! No repouso do coração, a felicidade se estabelece. Não é na confusão e no ruído que o coração consegue a harmonia para continuar acreditando no amor. O amor é a maior fonte de repouso para o coração. Aí ele descansa, se refaz, se revigora... Deus é amor. Então, é em Deus que o coração deve repousar. Feliz de quem se deu conta de que o coração precisa de Deus. A cada dia que passa o coração aumenta sua "sede" de Deus. Não aproximar o coração de Deus é como ter sede e ficar parado à beira da fonte. É um pouco difícil de entender por que alguns corações teimam em não se aproximar de Deus! Outros se aproximam somente quando necessitam de algo. Após ser atendidos, seguem por outros caminhos.

Deus é o descanso que revigora, reinventa as necessárias forças, restabelece a esperança e plenifica o amor. Meu coração não fica um dia sem repousar em Deus. Nele encontro a serenidade para renovar as energias e continuar a caminhada. Experimente descansar seu coração em Deus. Faça essa experiência. Seja persistente. Aos poucos, provará a serenidade e a gratidão por ter onde repousar verdadeiramente o coração. A verdadeira felicidade depende do tipo de repouso que você dá a seu coração.

Eu sei que todos os dias, quando acordo, Deus dá um sorriso e me diz: "Estou lhe dando a chance de tentar de novo"

A vida é feita de infinitas tentativas. Um dia pode dar certo... Mas qual o motivo para achar que não se deve tentar de novo? Viver é somar tentativas, muitas tentativas... É fazer das inúmeras tentativas uma oportunidade de aperfeiçoamento. Imagina se não houvesse espaço para novas tentativas?! A vida seria um fracasso! Não conte quantas vezes foi necessário tentar de novo. Aprecie o crescimento que resultou dessas tentativas. Deus, no seu infinito amor, permite incontáveis tentativas. Ele é o "torcedor número 1" de nossas tentativas.

Cada dia é um milagre. Por isso, não reclame de ter que levantar da cama. Agradeça por seu corpo ter movimentos, por poder andar.

Aprenda a visualizar o "sorriso" de Deus. Sim, Deus sorri! Ele utiliza estratégias: usa o sol, as flores, a chuva, o semblante de uma criança, a alegria de um adulto... Deus sorri de muitas maneiras. E se Deus nos sorri, por que ficarmos de cara amarrada?! Sorriso atrai sorriso. As pessoas andam sérias demais. Outras querem motivos para sorrir. Bom mesmo é viver de forma um pouco mais leve e tentar quantas vezes for preciso! Um dia vai dar certo! Pois a vida simplesmente vale a pena! Talvez nem tudo aconteça da forma como tínhamos pensado. Porém, entre uma tentativa e outra, a vida vai acontecendo. Deus parece ocupar esses intervalos para renovar a esperança e inspirar um desejo infinito de que nos coloquemos a caminho, na certeza de que o melhor é uma construção ininterrupta. Se existe uma nova chance, estaremos lá. Afinal, se não for para tentar novamente, como o tempo será ocupado? Há muitos que desistem logo após a primeira tentativa. Deus não nos capacitou para a desistência. Deus nos fez propensos às tentativas. Além do mais, não estamos sozinhos quando nos colocamos a caminho de novas alternativas. Deus se faz bênção onde não há espaço para a acomodação e a desistência.

"Se queres encontrar Deus, observa o espaço entre os teus pensamentos" (Alan Cohen)

Em todos os tempos e lugares, a busca de Deus inquieta a humanidade. Conscientes ou não, as pessoas estão em busca de Deus. Tem gente até que nem sabe que está buscando a Transcendência. Alguns negam a existência de Deus, mas mesmo assim estão em busca de algo. Somos exigentes quando o assunto é espiritualidade. Usamos unicamente da racionalidade para encontrar o Criador. Evidentemente que o conhecimento é importante e necessário. Mas, num determinado momento, é preciso inverter a lógica e procurar Deus naquele pequeno espaço entre um pensamento e outro. Quando as palavras cessam, quando os neurônios deixam de 'trabalhar", os pensamentos começam a "produzir" intervalos, e algo inexplicável pode se apresentar. Afinal, Deus não é uma explicação. Muito menos uma teoria. Ele não se resume ou se esgota na capacidade intelectual. Não precisa de provas. Apenas existe. Nada exige. Supõe capacidade de acolhida. A Transcendência necessita, sim, de acolhida, de morada. É dessa forma que o divino passa a habitar o humano.

Um dia, a história experimentou uma reviravolta total: o Filho de Deus veio ao mundo assumindo a condição de uma humilde e frágil criança. O céu visitou a terra. Foi inaugurado um novo tempo. Deus não está mais distante. Apenas aguarda a permissão para adentrar no coração humano. Não impõe seu amor. Simplesmente propõe. Enquanto os séculos e milênios se sucedem, que o humano seja capaz de abrir o coração e experimentar a força do Amor. Perda de tempo continuar negando a importância da espiritualidade. Ela sempre fez e sempre fará a diferença na vida das pessoas.

Acalma meu coração, Senhor!
Não deixa o vento da aflição
apagar esse amor que tantos
milagres já fez em mim.
Senhor, acalma o meu coração!

A cada amanhecer, a vida aguarda por encaminhamentos. Os pensamentos podem inspirar atitudes. Os sentimentos vão se movimentando de um lado para o outro. Tomar a vida nas próprias mãos exercitando autonomia, provocando renovação, permitindo realizações, é um jeito criativo de viver. A vida precisa ser reinventada, caso contrário, a monotonia se aloja e a indiferença cria formalização.

Para além de tudo o que possa ser pensado e refletido, está a dimensão espiritual. A espiritualidade recompõe a trajetória e a própria história. Só há um jeito de acreditar corretamente em Deus:

fazendo uma profunda e transformadora experiência com ele! Há tantos livros, escritos, tantas manifestações, tratados, simulações. Deus não se deixa encontrar apenas pela racionalidade. Este é um momento da "experiência". Deus se revela quando aceitamos experimentá-lo no seu profundo amor. Muitos procuram por ele sem assimilar o caminho do amor. Ele não aceita qualquer amor. Será que teria qualquer amor? Todo amor é verdadeiro, profundo. Tem gente chamando de amor outros sentimentos. Até pode fazer isso. Mas não sei se é amor. Só Deus é o puro amor. É com este amor que podemos entrelaçar sentimentos e dignificar decisões. Quando encontramos Deus-Amor, a liberdade se intensifica, a vontade se adéqua.

Quem tem fé em Deus é capaz de dizer, em forma de oração: "Acalma meu coração, Senhor!". Que as aflições tomem outras direções, que a paz chegue fazendo festa. Que a paciência seja rotineira, que a esperança provoque a maior das revoluções. Que o amor continue sendo luz em meu coração.

Ninguém é tão forte que não precise de Deus

Um dia, talvez, as pessoas admitirão que não são fortes o suficiente e, por isso, buscarão em Deus a maior de todas as forças, a única força capaz de sustentar a existência. Passa-se muito tempo da vida dizendo e afirmando ser portador de uma força que mais parece fragilidade do que qualquer outra coisa. Quem é forte, não precisa dizer que é forte. A força de uma pessoa se mede pelo modo como ela vive a ternura. Ser forte fisicamente é até relativo. Existe tanta gente com vigor físico e com resistência abaixo dos níveis permitidos. Há um cansaço bem visível: pessoas desistindo de serem fortes. Outras estão pensando em deixar de parecer forte. Dificilmente alguém mostra para si mesmo que é forte. Mostramos para os outros. Tentamos dizer aos outros que tudo está bem. Em alguns momentos, achamos que desanimar definitivamente é a única alternativa. Enquanto não buscarmos na "fonte" a força para dar conta da existência, a felicidade será experimentada em momentos, apenas. Realmente, nós precisamos de Deus. Sem ele os dias seriam indiferentes, as pessoas não passariam de números, os lugares ficariam sem luminosidade.

Deus não é nossa força porque estamos num mundo complexo, onde há ameaças e desafios. Deus não existe apenas para nos proteger. A força que precisamos de Deus é para que a vida tenha sentido. Sem Deus o amor fica no esquecimento, a paz toma distâncias incalculáveis. Precisamos da força de Deus para confirmar que vale a pena viver. Quanto tempo perdido: buscar Deus somente nas necessidades. Feliz de quem descobre que ele é o conforto que a vida precisa, o amor que inspira os dias e faz com que o coração não cesse sua função vital. De fato, ninguém é tão forte que não precise de Deus! Eu preciso dele em todos os momentos. Isso sim é ser feliz de verdade!

Quando a última coisa que tiver for Deus, você vai descobrir que ele era a única coisa que precisava ter

Viver é estar em movimento. Passamos a maior parte de nossos dias procurando por algo ou por alguém. Quantos quilômetros, quantas corridas: em alguns momentos nem sabemos o que estamos buscando. Um dia, ou nós encontramos com Deus ou ele nos encontra. Que maravilhoso poder se encontrar com ele. Ninguém vive sem Deus. Alguns até insistem em permanecer na indiferença espiritual. Outros, Deus os encontra na dor, como forma de ofertar seu amor.

Santo Agostinho viveu sua juventude longe de Deus. Quando o encontrou, disse: "Tarde te amei". Lamentou ter perdido tanto tempo longe de Deus. Às vezes, acho que não "experimentamos" verdadeiramente o amor de Deus. Quem tem Deus, tem tudo. Seguidamente afirmamos ou ouvimos esta verdade. Uma verdade que pode transformar o jeito de viver. Ter Deus é ter uma vida com sentido. Interessante como muitas pessoas vivem como se não precisassem de Deus. Em algum momento, vão precisar levar um "tombo" para ver como Deus faz falta.

Todos os humanos carregam dentro de si a espiritualidade. Voltar-se para Deus é algo natural, não exige esforço. Quem partilha seus dias e seus sonhos com Deus, vai experimentando a realização e a paz. Como a terra precisa do sol, nós precisamos de Deus. Conforme os dias vão passando, cada vez mais sentimos o quanto Deus é importante no nosso viver. São Francisco de Assis não cansava de repetir: "Meu Deus e meu tudo!". Que, aos poucos, ele seja o tudo de nossa vida.

Deus acalmou a minha tempestade e fez brilhar um novo sol

As tempestades: elas chegam sem muito ruído! Na hora que menos se espera, alguma tempestade já se armou. Quando se pensa que ainda está distante, de repente o vento já está levantando poeira. Ainda bem que podemos contar com uma força maior: Deus. Ele nunca falha. Sua mão acalma as tempestades da vida e acena para outra direção. Se as tempestades naturalmente chegam, convém ser estratégico: pensar em algo mais criativo. Buscar uma força maior. E esta força maior é Deus. Só ele pode fazer brilhar o sol da esperança, da confiança, da paz... Creio que o tempo que você ficou longe de Deus já foi suficiente para fazê-lo entender que não vale a pena tal distância.

Confiança em Deus é fundamental para o equilíbrio da vida. Um novo sol, ele faz brilhar àqueles que nele confiam. Sozinhos nem sempre conseguimos acalmar as "tempestades" da vida. E como surgem tempestades! Tem cada ventania...! Depois, tudo se torna sereno e calmo. Segura na mão de Deus e vai... Deus não deve ocupar o intelecto, apenas. Ele quer ocupar o espaço ideal, o melhor espaço em nosso coração. O coração é o lugar de Deus. O coração é o "espaço" predileto de Deus.

Pensando bem, a ausência de Deus provoca muitas tempestades, pois fica faltando a paciência, as iniciativas se tornam frágeis, a irritação toma conta, os pensamentos se confundem. Só Deus pode fazer brilhar o sol do amor, da esperança, da paz. "Obrigado, Senhor, por sempre acalmar minhas tempestades!"

Ninguém passa pela sua vida por engano. Não existem erros nos planos de Deus

Com certeza, Deus não se engana. Ele é pura perfeição. Tudo o que vem de Deus tem um princípio unificador. Viver, então, é tentar descobrir o que Deus quer de nós; é percorrer um grande labirinto com a certeza de que há um ponto de chegada. Imagino que uma das grandes vontades de Deus é que todos se encontrem e vibrem com esse grande evento denominado VIDA. Mas a vida, depois de emergir do coração amoroso de Deus, assume contornos humanos. Ele dá a vida e não mais interfere: capacita para a liberdade e deixa que cada um faça suas descobertas e suas escolhas. Ele aproxima, aprimora a afinidade, permite que alguns compartilhem sonhos...

De fato, ninguém passa em nossa vida por engano. O que é comum acontecer é deixar de se encantar conosco. Muitas pessoas trocam de amigos, de parceiros, de lugares... Às vezes, sem explicação. O segredo deveria ser conhecido por todos: o que é eterno também necessita de cuidados e de cultivo. É muito fácil afirmar: "Eu me enganei!". Quando, na verdade, você deixou de cultivar aquele sentimento que, um dia, nasceu tão forte e de uma forma inexplicável. Todos que passam em nossa vida deixam algo e levam algo. Isso é fantástico! Os planos de Deus englobam o que existe de melhor em cada ser humano. Deus tem um plano único para cada pessoa: espera que a felicidade aconteça para todos. Ele não impõe. Ele chama, mostra o caminho e aguarda pela liberdade humana. Deus tem um plano de amor para você, para mim. Quando descobrimos esse plano de amor, não aceitamos ficar nenhum instante longe dele. Como Francisco de Assis, não cansemos de repetir: "Meu Deus e meu tudo!".

As muralhas que eu puder, eu mesmo derrubo; aquelas que eu não conseguir, Deus põe no chão pra mim

Caminhando mundo afora, nos deparamos com algumas muralhas. Alguém as edificou e tinha uma finalidade, um objetivo. Outras vezes, as muralhas são invisíveis. Resultam das nossas fantasias e medos. Temos facilidade de criar muralhas quando diminuímos nossa autoconfiança ou deixamos de acreditar nos nossos dons. O ser humano é incrível: poderia ser especialista em construir pontes, mas acaba se especializando na construção de muros. Quanto tempo perdido na construção imaginária de muralhas. A primeira muralha se dá no distanciamento da compreensão. Como conviver sem compreender o universo que habita a outra pessoa?

A indiferença, por sua vez, é uma muralha que tudo congela e afasta. Não espere por mais nada: renove sua força interior, dê um *plus* em sua fé e derrube algumas muralhas que estão impedindo seu crescimento e realização. E, se não conseguir derrubá-las, lembre-se de alguém mais forte, capaz de tudo: Deus. Mas a decisão deve partir de você. O primeiro esforço é seu. Deus nunca fará a parte que cabe ao humano. Ele simplesmente faz a parte dele. Porém, ele está sempre pronto para ajudar. O ideal seria não deixar que nenhum muro ocupasse espaço no coração. É possível se dar bem com todos, inclusive com os diferentes. Basta relevar algumas coisas e adicionar uma boa dose de humor. Que Deus seja a força maior para que as muralhas sejam eliminadas definitivamente. Com Deus, o impossível se torna possível. Conte, sempre, com o amor do Senhor!

Se hoje estou aqui, é porque Deus não desistiu de mim

Deus nunca desiste de sua "obra-prima". Fomos feitos à imagem e semelhança do Criador! Não nos fez em série. Somos únicos. Ninguém se repete. Mas, ao dar a vida, Deus nos concede outro dom: a liberdade. Permite que cada um se movimente e faça escolhas. Não impõe, apenas propõe. Não nos cobra e nem nos castiga. Apenas permite que a vida vá encontrando caminhos e construindo respostas. Muitas pessoas insistem em deixar a espiritualidade em segundo plano; outras até vivem como se Deus não existisse. Mas há as que renovam diariamente a presença de Deus em tudo.

De fato, se hoje estamos aqui, é porque Deus não cansa de vir ao nosso encontro. Ao amanhecer de cada novo dia, é como se ele nos dissesse: "Estou aqui para abraçar você e renovar o vigor da vida em seu coração". Acredite: Deus nunca vai desistir de você! Que tal não desistir dele?!

Um Deus que chama porque ama: é simplesmente fantástico! Vivamos a alegria de ser chamados pelo nosso próprio nome! A maior prova do amor de Deus é estar aqui. Deus nunca vai desistir de ninguém. Porém, não interferirá na liberdade de cada um. Por outro lado, é importante que a gente não desista dele. Essa parceria pode render ótimos resultados. Como é maravilhoso sentir o pulsar da vida e deixar-se abraçar pela misericórdia divina! Somente o amor de Deus é capaz de recompor a história, fortalecer os passos, plenificar o coração de esperança. Longe de Deus, a felicidade se torna frágil. Se hoje estou aqui, é porque Deus não desistiu de mim. Não desistirei dele, jamais.

Lindo é poder olhar, todos os dias, para o céu e descobrir que, em meio a tantos problemas, existe um Deus que nos permite sorrir

Olhar para o céu faz bem. As nuvens são verdadeiras "artistas", pois fazem desenhos incomparáveis. Não convém ficar muito tempo sem olhar para o céu. Céu e terra estão interligados, equilibram o viver, capacitam para a ternura e o vigor. Esse exercício diário de olhar para o céu elimina as distâncias. O céu não fica tão longe como alguns pensam e afirmam. Corre-se o risco de não imaginá-lo e nem reconstruí-lo dentro de nós.

Desde pequenos, somos iniciados a contemplar o céu e a imaginar uma realidade marcada pelo amor. Querer ir para o céu é um sonho e uma certeza. O que justifica tal escolha? A existência de Deus se desenha também pela imensidão do céu. Que bom saber que existe um Deus a nos guiar cotidianamente. Ele é tudo. As nomenclaturas variam; os posicionamentos chegam ao radicalismo, por vezes. O interessante é que ninguém fica indiferente diante dele.

Que Deus continue permitindo um sorriso sem fim em nosso semblante e em nosso coração. Que o sonho do céu não alcance a velhice. A cada dia que passa, é possível acrescentar à fé uma luz mais intensa, um brilho mais resplendente. Os problemas, muitas vezes, fogem do controle. Algumas dificuldades fazem sofrer, mesmo. Nem sempre há como aliviar alguns fardos. Ainda bem que existe Deus! Com ele tudo se torna mais leve. Contar com Deus é ter acesso à esperança, que tudo transforma. Só Deus para sustentar o sorriso e a alegria.

Às vezes, o que realmente precisamos é desapegar de certas coisas e descansar um pouco no colo do Senhor!

A vida necessita de intervalos. Parar um pouco e respirar sem aquela pressão diária, diante do muito a ser feito, faz um bem enorme. Descansar é uma necessidade. O físico só alivia as tensões se houver uma pausa interior. Pouco descansa quem coloca seu corpo numa posição horizontal, mas deixa a mente em movimento. Mente e corpo necessitam de sintonia. Aquiete o coração e acomode a mente para que as exigências cessem e as energias possam ser repostas. Poucos sabem verdadeiramente descansar. Há lugares que favorecem o repouso, outros não.

Desde pequenos, fomos familiarizados com o colo de nossos pais e familiares. Mas tem um colo que independe da idade: o colo de

Deus. Quanto bem faz o colo de Deus! Muitos nunca se permitiram usufruir desse colo. Outros continuam insistindo que não precisam do colo de Deus. Impossível viver serenamente sem uns minutos diários no colo de Deus. O aconchego que tanto buscamos está no modesto colo do Senhor. São breves momentos onde a interioridade é privilegiada. É como estar na própria casa, sem os calçados usados durante o dia, sem aquela roupa que impede a espontaneidade, sem a necessidade de ensaiar sorrisos.

O colo de Deus é indescritível, pois passa pela experiência pessoal. Cada um tem seu próprio jeito de ficar no colo de Deus. Um breve instante, uma parada distante do relógio, um minuto de sossego. O colo de Deus devolve as energias, restaura a esperança, alimenta a alma. As tribulações não vão cessar, o ritmo não diminuirá. Então, que a espiritualidade inspire criatividade na descoberta de um segredo muito simples: Deus nos aguarda em seu colo!

"O Senhor é meu pastor, nada me faltará" (Salmo 22)

Algumas melodias são cantaroladas até mesmo no silêncio do coração. São refrãos que fazem viver, alargam os horizontes, aproximam o céu da terra. A espiritualidade tem a habilidade de embalar a vida. Seguidamente me questiono: como algumas pessoas dão conta do existencial, sem o cultivo do espiritual?! Não é por nada que as crises devastam facilmente, roubando a esperança. O que pode acontecer é que o acento esteja deslocado. A maioria prefere a segunda parte: "nada me faltará". Para que não falte nada, o Senhor deve ser o pastor. Onde está a necessidade: nas coisas? O que é mais fácil dizer: "o Senhor é meu pastor" ou "nada me faltará?". Para que não falte nada, é necessário reconhecer que ele é o pastor. Excessivamente preocupados com as coisas materiais, corre-se o risco de esquecer o prioritário, isto é, que ele é o Senhor. Somente um coração humilde é capaz de olhar para o alto em busca do Bom Pastor.

O desejo incontrolável de consumir cada vez mais pode ofuscar a relação filial com Deus. Uma grande maioria tem fé porque precisa de coisas materiais.

O conteúdo da oração se resume em pedir. A fé verdadeira deve estar despida de "negociação". Deus é Pai, sabe muito bem o que nos está faltando. Claro, na condição de filhos, pode-se pedir tudo. Porém, no final dos pedidos, acrescentar: "seja feita a vossa vontade". A maturidade da fé permite deixar tudo nas mãos de Deus para que o melhor aconteça. Enquanto isso, que a fé possa trocar de foco: ao invés de ser insistente para que nada falte, que a relevância alcance o ideal: o Senhor é meu pastor! Não negligenciando a própria responsabilidade: que a vida avance no reconhecimento diário de que o Senhor é o único pastor!

Quando o que era difícil se torna impossível, Deus começa a agir. Ele abre sempre uma porta onde não há saída

Deus sempre age! Nossa pressa, por vezes, pode atrapalhar a ação de Deus. Quando não há saída, ele simplesmente surpreende: abre uma porta... As surpresas de Deus são silenciosas, nada de barulho e de extravagância. É um amor silencioso que sabe chegar no momento certo. Compreende isso quem faz uma experiência de espiritualidade. É a experiência de Deus que dá leveza à vida e fortalece a esperança. Viver distante de Deus? Jamais. No cotidiano, precisamos de Deus para acreditar que o impossível também é passageiro. Tudo passa! Quando prestamos atenção aos pequenos detalhes, damo-nos conta da presença de Deus abrindo portas, indicando o caminho, apontando para outros horizontes... Muitos sabem algo sobre Deus, pois conhecem a Deus pelo intelecto. Mas não basta apenas conhecê-lo. É necessário fazer a experiência de senti-lo profundamente agindo em nossa vida. É com ele que as "batalhas" mais profundas são travadas. E ele nos torna vitoriosos, sempre! Experimentar a Deus é uma tarefa que se inicia na família. A vivência da espiritualidade tem um toque familiar. O que os pais ensinam e testemunham, os filhos não esquecem. Daí a importância de investir na educação, na preparação para o mundo e no cultivo dos valores. A fé agrega, aproxima, eterniza. Uma família que dedica tempo para a espiritualidade está mais preparada para enfrentar os desafios do cotidiano. Deus sempre age, mas não interfere. A liberdade humana, num determinado momento, busca incessantemente a transcendência. Ainda bem que Deus sempre abre uma porta quando parecia não existir nenhuma saída.

Que cada família encontre o acesso à espiritualidade para multiplicar a felicidade.

"Senhor, dá-me a clareza para reconhecer o que a ti me leva, para que eu rejeite o que de ti me separa" (Santo Inácio de Loyola)

A vida está diante de muitos caminhos. Escolher o melhor caminho vai além da habilidade intelectual. A interioridade bem cultivada pode auxiliar na busca pelo melhor itinerário. Sem dúvida, a oração auxilia na escolha daquilo que for mais adequado. Quem reza, abre diante de si um cenário de possibilidades.

A espiritualidade reúne as melhores energias para elevar a alma em busca da vontade de Deus. Nem todos os caminhos são transitáveis. Há caminhos e caminhos. Pedir ao Senhor clareza para reconhecer qual é o melhor caminho faz um bem enorme. A criatura, longe do Criador, corre o risco de não fazer boas escolhas. Tem gente achando que atalho é caminho. Atalho nunca foi e nunca será caminho.

Então, além de pedir ao Senhor a luz necessária, é importante buscar forças e evidências para rejeitar o que pode separar ou afastar de Deus. É vital renovar diariamente esse pedido. O mundo não é ruim, mas permite algumas armadilhas. Ninguém está isento de tropeços. Porém, quanto mais a vida é direcionada pela clareza da fé, mais firmes serão nossos passos.

Num tempo de tanta velocidade, que as escolhas não sejam apressadas, que a paz não seja subjugada. Elevar diariamente o pensamento aos céus é uma oportunidade que a vida merece ter. O complicado é quando rezamos por necessidade e não por amizade. O cotidiano é cheio de relações por interesse. Deus não precisa de negociação. Ele quer apenas um espaço no nosso coração. Rezar é reconhecer o que nos leva até Deus e o que nos afasta dele. Sejamos capazes de rejeitar as trevas para alcançar a verdadeira Luz. Que nada nos separe do amor de Deus! Amém!

> "Pode faltar tudo na minha vida. Só não pode faltar Deus, porque, se faltar Deus, eu não serei capaz de correr atrás daquilo que me falta"
>
> (Pe. Fábio de Mello)

A vida é um longo caminhar. A busca pelo necessário, o desejo de felicidade e a sede de paz não deixam o coração se acomodar. Que incrível: parece que sempre está faltando alguma coisa. Mesmo que o suficiente já se tenha alcançado, uma sensação de vazio acompanha os dias. O mundo multiplica e exalta o consumo. Cria necessidades e insiste no supérfluo. Enquanto isso, uma certa insatisfação determina o linguajar e desfigura o otimismo. Ainda bem que uma grande maioria está se dando conta: longe de Deus tudo perde o sentido. Quando faltam as coisas, até se dá um jeito. Quando falta Deus, tudo fica sem jeito. Se a carência bateu à porta, não se assuste, contanto que Deus continue sendo o primeiro, no tempo certo tudo se resolverá. Sem Deus fica difícil correr atrás do que está faltando. O cansaço está estampado no semblante de tantos que colocaram em primeiro lugar as coisas, deixando Deus de lado. A fé nunca resolverá todos os problemas. Mas, sem ela, as forças também sucumbem. Tempos difíceis podem até favorecer um crescimento espiritual. Porém, Deus não pode ser "acessado" somente em meio às necessidades.

Uma amizade profunda com Deus qualifica a vida e abre muitas portas. Viver com pouco é um jeito interessante de ser feliz. Pois, um coração apegado materialmente pode ser fonte de muitas decepções. Que Deus continue sendo a grande LUZ a iluminar e a inspiração para saber escolher o que vai favorecer a realização. Com Deus no coração, é importante e saudável continuar correndo atrás do que falta. Que a gratidão possa ser a melhor de todas as orações.

Quem partilha seus sonhos com Deus, experimenta a realização

Quem tem Deus, tem tudo. Seguidamente afirmamos ou ouvimos essa verdade. Interessante como muitas pessoas vivem como se não precisassem de Deus. Em algum momento, vão precisar levar um "tombo" para ver como Deus faz falta. Todos os humanos carregam dentro de si a espiritualidade. Voltar-se para Deus é algo natural, não exige esforço. Quem partilha seus dias e seus sonhos com Deus, vai experimentando a realização e a paz. Como a terra precisa do sol, nós precisamos de Deus. Conforme os dias vão passando, cada vez mais sentimos o quanto Deus é importante no viver. São Francisco de Assis não cansava de repetir: "Meu Deus e meu tudo!". Que, aos poucos, ele seja o tudo de nossa vida.

Em algumas épocas, quando o coração se prende às coisas materiais, deixamos Deus de lado. Vivemos como se ele não existisse. O sofrimento tem um papel importante em nossa vida: através da dor, passamos a entender muitas coisas. A dor chega para ensinar. A fé se fortalece também com as dificuldades do caminho. Quando tudo está bem, a busca pelo transcendente parece não ser tão intensa. As coisas chegam e vão, em nossa vida. Ter coisas é uma necessidade. Porém, é até um ato de inteligência não se apegar às coisas materiais. Quando Deus faz parte dos sonhos e dos caminhos, o mais importante vai acontecer. É só questão de tempo. Não convém passar a vida acumulado muitas coisas. Mas é muito importante descobrir e fazer a experiência de Deus. Com ele os passos se tornam firmes, o coração se aquieta, a paz se faz presente. Deus sempre será o que, de fato, precisamos.

Muitas vezes, quando perdemos a esperança e pensamos que é o fim, Deus sorri lá de cima e diz: "Acalme-se, confie em mim; é apenas uma curva, não é o fim!"

Quem tem fé, sempre terá muitos ganhos. Um deste ganhos é a certeza de que Deus nunca falha. Ele entra em ação sempre no momento certo. Não tem pressa. Age como um Pai que sabe o potencial do filho! Deus não sofre de ansiedade. Quando nós pensamos que é o fim, ele percebe que é apenas uma curva no caminho. Por isso, não se pode perder a esperança. Dê o melhor de si, em cada situação. Aja no tempo certo. A ansiedade só desgasta e nada produz. Confiança, muita confiança em Deus! No tempo certo, tudo se encaminha, as forças se refazem. As pessoas normalmente se colocam num patamar inferior: ao invés de confiar em si e em Deus, dizem para si mesmas que não vão conseguir. O pensamento positivo também é fé. É importante acreditar profundamente, para dar conta dos desafios que a vida apresenta. Quando se imagina que uma determinada situação não tem mais saída, a mão de Deus, em segundos, aponta para outra direção. Porém, é necessário criar condições para Deus agir. O primeiro passo é acalmar-se. Sim, aquietar o coração e simplesmente confiar.

O sorriso de Deus é o alento que precisamos para dar conta das exigências da vida. Ele nunca se afasta nem se distrai. Apenas acompanha com o olhar de quem ama profundamente a criatura, feita a sua imagem e semelhança. Perder a esperança é um tanto natural. É próprio do humano desanimar, se desesperar ou deixar de sonhar. Porém, cedo ou tarde, Deus encontra uma fenda para iluminar a escuridão que se instalou. Deus resgata a todos, com seu infinito amor.

A felicidade está onde o coração encontra repouso

O coração necessita de um lugar para repousar. Evidentemente, ele também se cansa. Às vezes se inquieta; outras vezes se apressa... Ah, esse coração!!! No repouso do coração, a felicidade se estabelece. Não é na confusão e no ruído que o nosso coração deve repousar. O amor é a maior fonte de repouso para o coração. Aí ele descansa, se refaz, se revigora... Deus é amor. Então, é em Deus que o coração realmente repousa. Meu coração há muito tempo repousa em Deus. Nele encontro serenidade para renovar as forças e continuar a caminhada. Experimente repousar seu coração em Deus. Depois, poderemos falar da verdadeira felicidade. Um dia Jesus disse: "Vinde a mim vós todos que estais cansados e eu vos aliviarei".

Assim como o corpo aguarda por intervalos de descanso, da mesma forma nosso coração precisa se desfazer das amarguras e das decepções. Somente em Deus as forças se refazem e o ânimo se restabelece. Interessante: quando não estamos bem, vamos para muitos lugares e, por último, lembramo-nos de repousar no Senhor. Deus está sempre procurando por nós. Deixar-se encontrar por ele é uma permissão inteligente. Tomara que a insistência e a teimosia em não procurar descansar em Deus sejam passageiras. Viver a fé é uma escolha encantadora. Reservar diariamente um tempinho para Deus é espetacular. Inútil pensar que os próximos tempos serão mais amenos. Pelo contrário, a velocidade tende a aumentar. A agitação ocupará ainda muitos espaços. A serenidade, que tanto precisamos, tem uma fonte garantida: Deus.

Que a espiritualidade nos aproxime do Criador. Que a paz acompanhe nossos passos!

"Eu pensava que a oração transformava as coisas. Mas agora sei que a oração transforma a gente e nós transformamos as coisas" (Madre Teresa de Calcutá)

Em alguns momentos, gostaríamos de ter o poder de tudo transformar. Mudar o mundo é o sonho de muitos. A grande maioria, porém, não sabe por onde começar, desconhece qual é o primeiro passo a ser dado. A oração é a grandiosa ferramenta capaz de incontáveis transformações. É preciso admitir que se reza pouco. Além disso, quando as orações sobem aos céus, é muito mais para elencar pedidos do que para alimentar a alma. Rezar sem pedir nada não é muito comum. A oração verdadeira consegue transformar o coração. Até os corações mais petrificados vão amolecendo através da oração.

Oração é energia, é esperança, é amor. Contagiados por um mundo que privilegia a velocidade, vemos como perda de tempo dobrar os joelhos e unir as mãos. As consequências são provadas por todos. Por onde anda a tão almejada paz? Quem fica longe da oração, deve esperar de tudo um pouco. Rezar somente quando necessitamos de algo, não é oração. Parece mais uma negociação. A oração supõe serenidade, abertura de coração.

Rezar é estar presente, sem motivos; é contemplar o Invisível, com a certeza de sua existência e ação. A oração é o alimento da alma. Há gente alimentando somente o corpo. Almas "desnutridas" existem em excesso. Quem deseja transformar a realidade, solucionar os problemas, ajeitar as pendências, não pode deixar de lado a oração. Mais do que procurar por formatos de oração, é importante criar predisposição. A oração acontece na espontaneidade. Vive de forma leve e dinâmica quem reserva tempo diário para a oração. A oração transforma mente e coração. Só depois é possível transformar o que está ao redor. Rezar é abraçar a vida, a partir da interioridade.

Quando paramos diante da cruz, entendemos de onde vem o amor que nos sustenta

O humano se plenifica à medida que acolhe o divino em si. O amor do céu pode transformar o amor da terra. A essência não está na manifestação, mas na fonte do verdadeiro amor. Depois de Jesus, ficou mais fácil amar. Se não houvesse a cruz como inspiração, por qualquer sofrimento desistiríamos de amar. Jesus aproximou dois polos: o amor e a dor. Humanamente falando, isso é quase impossível. Porém, olhando para o alto da cruz, entendemos até onde o amor é capaz de chegar. O mais profundo amor não está distante da dor. No amor, vasculhando um pouco, encontramos a dor. Acontece que não aceitamos sofrer, achamos absurda a cruz.

Entre a dor e o amor, o que fica é unicamente o amor. Quem ama sempre irá perpetuar a pertença. A dor passa. O amor não. Amar é reunir de tudo um pouco, equilibrando sentimentos. Amor não se aprende em livros, mas escutando o coração, enfrentando dores. Um aprendizado que aguarda por todos. Talvez não exista o momento certo. A vida é feita de momentos. Cada um terá que se confrontar, a menos que não queira amadurecer. Gasta-se muito tempo relatando detalhes da dor. O tempo é do amor. O melhor tempo existencial acontece quando o amor e a dor se dão as mãos, distanciando-se do desespero. Parar diante da cruz pode ser o começo de um novo tempo em sua vida. O amor sempre inspira e aponta para novas direções. Deus não se cansa de nos ouvir. Ele sabe o que vai em nosso coração. Sabe também do nosso amanhã. Mas é preciso experimentar esse amor, até mesmo nas contradições do cotidiano. Estamos precisando, talvez, do "colo" de Deus para continuar acreditando na força do amor.

Senhor, não me deixe ser tempestade, mas que eu seja dia de sol para aqueles que estão a meu lado

Vivemos dias mais exigentes. Corremos de um lado para o outro, mesmo assim continuamos com uma agenda repleta de compromissos e tarefas. Decididamente, teremos que nos acostumar com esse ritmo. O mundo não conhece a obediência. Por mais que se diga que é preciso implementar mudanças nesse tempo de tamanha velocidade, ninguém parece se importar muito com isso. Todos continuam correndo. O segredo deixou de ser segredo: é possível continuar veloz, sem perder a Paz interior.

O segredo da mudança não está na exterioridade, mas na interioridade. Quando nos voltamos para dentro de nós e fechamos as janelas e portas dos barulhos externos, experimentamos a serenidade do pertencimento. Sim, pertencemos a nós mesmos. Não convém pertencer somente aos outros. Quando entendemos nossa identidade e nos damos conta de que somos "propriedade" nossa, o silêncio se faz envolvente e a calmaria se impõe. Não há espaço para a felicidade, se a vida é só tempestade. É urgente voltar a sentir a respiração, olhar-se no espelho para deixar de ser estranho para si mesmo. A chuva pode ser intermitente, as trovoadas também, mas é possível ser dia de sol para si mesmo e para os que estão ao redor. Há ambientes que são só tempestade. Certas pessoas não se dão conta de que as tempestades se alojaram na própria identidade. Imaginam que os outros tenham que aguentar as "trovoadas" do vocabulário, dos julgamentos, do mau humor. Uma prece pela paz faz um bem enorme, e a decisão de viver com harmonia abre novos caminhos.

"Senhor, não me deixe ser tempestade, pois ninguém merece conviver com desajustes e irritação." Saudade da paz, do sorriso, da disposição, da entreajuda. Saudade de respirar serenamente. Saudade de Deus.

Você não precisa entender o agir de Deus em sua vida. O que você precisa é confiar, pois ele está agindo!

A confiança é um atributo humano mais do que necessário. Quem confia, é capaz de se refazer. Quem confia sempre encontra motivos para continuar acreditando. Quem confia não desperdiça oportunidades, pois segue na serenidade. Sem confiança a vida não tem rumo. Quando há confiança, as energias se agrupam e a vida vai seguindo em frente. Nem sempre entendemos o nosso agir. E a pretensão de entender a ação de Deus pode até ser frustrante. Afinal, se o humano não compreende a si mesmo, como entenderá o Divino?! A lógica humana não é capaz de abarcar o que brota do coração de Deus.

Estamos ainda tateando, quando o assunto é espiritualidade. Seremos eternos iniciantes. Mas o que importa mesmo não é entender a lógica de Deus, mas confiar naquele que tudo pode. Deus sempre está agindo. O amor é o que provoca a ação Divina. Para onde Deus direciona o seu amor? Não está preocupado com o espaço cósmico. Ocupa-se unicamente com suas criaturas. Deus não tira folga semanal. Simplesmente ama. A dinâmica do amor de Deus sempre inclui o humano. Ele não ama mais ou menos. A intensidade do amor de Deus ultrapassa qualquer tentativa de mensuração. Não cansa de comunicar sua graça e salvação. Não são poucos os que pensam que Deus sofre de esquecimento. Muitos, em situações difíceis, saem afirmando para todos: "Deus se esqueceu de mim". Porém, não relatam quantas vezes eles mesmos deixaram Deus no esquecimento. Num determinado momento da vida, é necessário gravar, para sempre, o amor de Deus no coração e conviver com uma certeza: o amor dele é eterno e inexplicável. Quando isso acontecer, a vida se encontrará com a serenidade e os passos seguirão mundo a fora. Amém.

E, quando eu não sabia mais o que fazer, Deus sussurrou e disse: "Confia em mim"

A busca por soluções é intrínseca ao viver. Nós nos movimentamos e até nos agitamos de um lado para o outro. Mesmo não sabendo onde iremos chegar, vamos em frente. Viver é vencer etapas, alcançar metas, superar obstáculos. Contar somente com as próprias forças parece não ser o mais indicado. Em alguns momentos, não se sabe mais o que fazer, nem o que pensar. Ainda assim, é preciso continuar respirando e acreditando numa possível saída. Por uns instantes, lá adiante, tudo se aquieta. Nesse momento, Deus sussurra: "confia em mim". Uma força toma conta da existência. Uma luz expande seu brilho. Uma energia permite novos pensamentos. Algo se impõe: é preciso continuar. Quanto tempo perdido distante do amor de Deus. Muitos tentam caminhar sozinhos. Imaginam conquistar o mundo somente com as próprias forças. A fragilidade também interfere. Se somos portadores de uma grande fortaleza, carregamos igualmente deficiências. O certo é que Deus nunca deveria sair de cena.

Confiar em Deus não pode ser a última opção, a tábua de salvação. Ter fé é abrir diante de si um leque de possibilidades. A fé não elimina as dificuldades e nem os sofrimentos. A espiritualidade é capaz de aumentar a própria resistência interior. Quem acredita em Deus, continua caminhando, aguardando outros dias, novas chances. Deus não para de sussurrar em nosso ouvido. Aceita até nossas indiferenças. Se torna insistente, pois sabe o quanto precisamos dele.

Chegou a hora de deixar de lado a teimosia. A confiança em Deus pode transformar o seu coração. Experimente o amor de Deus. A vida será totalmente diferente.

"Senhor, gostaria de lhe agradecer pela capacidade de me olhar devagar, já que nessa vida muita gente já me olhou depressa demais" (Pe. Fábio de Melo)

Deus não tem pressa e não se importa com nossa pressa. Está acima das urgências, sabe lidar com o tempo certo que cada situação exige. Que fantástico: Deus nos olha devagar. Não cansa de nos olhar. Foi ele que nos deu a vida: conhece os mínimos detalhes. Tudo contempla, excede na admiração.

O olhar de Deus deve inspirar o nosso jeito e ritmo de olhar. Depois que inventaram a pressa, ninguém mais olha demoradamente para o outro. Existem pais que não olham os filhos com aquela serenidade própria de quem gerou uma nova vida. Até para os amigos não se tem tempo de olhar mais lentamente. Tudo parece ser instantâneo. A expectativa pelo que vem depois rouba a cena e delimita o espaço do agora. A pressa reúne as melhores energias para, em seguida, desperdiçá-las. Olhar depressa demais não faz bem. As perdas ocasionadas pela pressa são irrecuperáveis.

Viver com intensidade cada momento é uma descoberta pessoal, um jeito criativo de estar no mundo, sem ser do mundo. Quando alguém nos olha com pressa, temos sensação de distanciamento e de frieza. Os laços de pertença são construídos distantes da pressa. O que nasceu para ser duradouro requer tempo e investimento. Quanta gente não encontra tempo para mais nada. O que é essencial necessita de tempo. Sejamos capazes de olhar mais devagar para aqueles que estão ao nosso lado e que partilham conosco o dom da amizade. Família: nunca devemos olhar depressa.

Que, ao elevar nosso olhar para Deus, tenhamos todo o tempo do mundo. Ele merece!

Senhor, se é na fraqueza do meu ser que se manifesta o teu poder, então eis-me aqui!

A grandiosidade de uma vida está bem distante da força física ou da imponência intelectual. Aos olhos do Criador, há uma constante inversão: o que aparentemente é fraco, ressurge como uma fortaleza. Para Deus agir, é necessário que haja como que um esvaziamento. Deus procura por espaços de fraqueza para construir o seu poder. Admitir ser portador de uma certa fraqueza supõe humildade e pequenez. Deus entra em ação quando a vaidade e a autossuficiência tomam distância do coração humano. O desejo de Deus é encontrar espaço para demonstrar todo seu poder. A grande maioria das pessoas tenta demonstrar que são fortes por si próprias. Ninguém é forte por si mesmo. Torna-se forte quem abre espaço para Deus, a força total. Quanto maior a humildade e o reconhecimento da necessidade de uma força maior, mais Deus se sente livre para derramar toda sua fortaleza no coração de seus filhos e filhas. É um esvaziar-se para ser plenamente preenchido. Isso é maravilhoso!

Quanta gente medindo forças... Quantas pessoas escondendo seus medos e suas fraquezas. Um dia, as aparências podem cair por terra. Ficará apenas a certeza de que somos fracos. Não se trata de uma fraqueza definitiva. Mas de um espaço a ser tomado por aquele que é a força total.

Colocar-se diante de Deus com a disposição de ser transformado é o começo de uma nova história de vida. Dizer a Deus: "Eis-me aqui" é ser capaz de reconhecer a força que ele carrega consigo e que quer distribuir a todos os seus amados.

"Muitas vezes Deus não muda os fatos, para que os fatos mudem você"

Estar em diálogo contínuo com Deus é um privilégio. Através da oração, podemos falar com Deus. Pedir e agradecer é o principal conteúdo dos nossos colóquios com ele. Quanto mais espontânea for a aproximação com Deus, maior será a fé. Ele escuta o que vai no coração de todos seus filhos e filhas.

Ao longo da vida, aprendemos algumas fórmulas que nos ajudam a rezar mais e melhor. Porém, criar um jeito próprio de rezar é um convite e um desafio. Além disso, a oração é como um alimento, sem o qual o viver se torna monótono. Rezar é fazer a experiência da presença de Deus. Resumir a oração em constantes pedidos é empobrecer a prece.

Jesus ensinou apenas uma oração: o Pai-Nosso! Este não consiste em uma junção de palavras, mas em um jeito de viver. Pois quem reza é chamado a transformar a vida numa oração. Rezar com palavras não é tão difícil. Mas tornar a vida uma oração é o desafio de quem se coloca nos caminhos de Jesus. Quando pedimos algo para Deus e ele não nos atende, não convém revoltar-se. Pois Deus pode não mudar os fatos para que estes promovam algumas mudanças em nós.

Há algumas situações que são apresentadas a Deus de forma insistente. Dá a impressão de que, em alguns momentos, Deus fica indiferente ao que achamos urgente. Mesmo assim, é importante não se afastar dele. Tudo aquilo que Deus não atende tem um propósito maior: provocar transformações. Como é significativo e confortante confiar totalmente no Senhor. Deus não nos atende em certas situações para que estas provoquem humildade e resignação. Aceitar a cruz também é uma oração. E que oração!

Deus nem sempre vai responder às suas orações com "sim" ou "não". Às vezes, a resposta é "espere"

A oração deveria ser parte integrante das buscas humanas. É bem verdade que todos têm necessidade da espiritualidade, mas nem todos a cultivam. Uma grande maioria reza quando precisa alcançar algo ou ser atendido em algum pedido específico. A espiritualidade supõe uma abertura para uma experiência de fé. Num determinado momento existencial, a fé deve abandonar a racionalidade para ser acolhida pela afetividade.

Quem ama tem mais facilidade de buscar a transcendência. Espiritualidade e amor se misturam para inspirar o melhor. Quando a espiritualidade alcança o coração, a obrigação se transforma em satisfação. Pois rezar ou participar das celebrações por obrigação é sinal de pouca maturidade espiritual. Os tempos são outros, as escolhas são mais livres. Mesmo assim há muita gente perdida. Quantos buscam o melhor em lugares pouco indicados. A criatura aspira pelo Criador.

O modo como cada um se volta para Deus não é tão determinante. Mas ninguém pode impor o que ele deve responder. Deus sabe o que é melhor para cada um. Em alguns momentos, ele diz "sim", em outros, diz "não". O que não gostamos de "ouvir" é quando ele pede para esperar. Esperar não é uma atitude confortável, nestes tempos de tanta agitação. O desafio é abandonar-nos nas mãos de Deus. Após todo o esforço e dedicação, permitamos que a vontade de Deus aconteça. Que a paciência nos oportunize uma profunda e fecunda experiência do amor de Deus. Jamais nos cansemos de rezar, independentemente da expectativa ou da necessidade.

Às vezes, só nos falta um pouco de humor e mais gratidão a Deus

Viver de forma descontraída e com uma dose de humor é uma opção quase necessária. A vida sempre vai valer a pena. Para tanto, a alma não pode ser pequena. Cultivar o humor é uma escolha inteligente. Pessoas bem-humoradas vivem mais e melhor. É quase inacreditável, mas muitas pessoas passam longo tempo sem sorrir. Viver sem alegria é apenas somar anos e contabilizar desacertos. Não são poucos os que acham que a vida é feita de tragédias. Chegam a ficar sem alento quando não acontece nada de mais extraordinário e desastroso.

A história da humanidade sempre registrou acertos e erros. O que acontece é que hoje tudo é instantâneo. Todos ficam sabendo de tudo, em questão de segundos. Como o volume de acontecimentos foge à capacidade de selecionar, fica-se com o que mais chama atenção. A grande maioria registra e comenta insistentemente o que é desastroso. Há tanta coisa dando certo. Não faltam motivos para intermitentes sorrisos e até gargalhadas. Mas para chegar a esse estado emocional é necessário saber agradecer. A gratidão a Deus harmoniza o que vai lá nas profundezas da existência. Nunca se agradece suficientemente. Poucos agradecem, por exemplo, o ar que respiram, a chuva que cai, o sol que brilha. O pão na mesa deveria gerar muitos agradecimentos. Ter uma família: que gratidão! Evidentemente que pode estar faltando muita coisa, mas aonde se chegou já está de bom tamanho.

Que a gratidão seja como um hino diário que sobe aos céus e encontra o coração do Senhor. Interessante: uma pessoa agradecida a Deus tem mais motivos para sorrir. Fé e bom humor acontecem ao mesmo tempo. Fique atento: se estiver faltando alegria, olha que poderá é estar faltando fé.

Deus cuida de quem está com o coração triste

Muitos são os momentos em que a tristeza chega e entra sem pedir licença. Além do mais, não tem pressa de ir embora. Há dias em que ela surge do nada. Sem motivos aparentes, a tristeza quase se apossa dos espaços e dos sentimentos. Se Deus se ocupa com quem está alegre, não sai de perto de quem experimenta a tristeza. Mas ele não avança o sinal. Está próximo e aguarda permissão para se ocupar do nosso coração.

Não são poucos os que, invadidos por uma profunda dor, tornam-se mendigos de um pouco de alívio em fontes não confiáveis. Às vezes, o último lugar "procurado" é Deus. Buscar a Deus deveria assemelhar-se ao ato de respirar. Assim como o oxigênio renova os pulmões, da mesma forma o amor de Deus deveria ser acolhido a todo instante. Como seria diferente se Deus fosse a nossa "respiração". Isto é, se ele pudesse ser tão ou mais importante que o ar que respiramos!

Ainda bem que Deus não se deixa mover pela nossa indiferença: as reações humanas não diminuem a intensidade do seu amor. Deus simplesmente ama. Sua ocupação é a criatura humana. Não tem bloco de anotações, pois grava tudo em seu bondoso coração.

Como é maravilhoso ter fé! Não sei como seria a nossa vida sem Deus para acreditarmos. Ele é único, amável, inspirador, protetor. Acreditar em Deus é aliviar o fardo, multiplicar a esperança, incrementar os dias, afastar o medo. Ele nunca castiga. Os castigos são consequências das más escolhas. Deus não se apressa, simplesmente oportuniza maturidade. Pois a tristeza faz com que a vida seja repensada. Quero segurar sempre firme na mão de Deus e seguir adiante. Ele sabe até quando!

"Cuidemos do nosso coração, porque é de lá que sai o que é bom e ruim, o que constrói e destrói"

(Papa Francisco)

Amanhece um dia pleno de luz. Páscoa é passagem. A noite da dor cedeu lugar para a chama do amor. Ele ressuscitou! A vitória da vida está garantida para todos aqueles que encontram na fé um jeito esperançoso de viver. O lugar da espiritualidade é o coração. Cuidar do coração é fator de equilíbrio.

Para além da saúde, a fé edifica o bem, multiplica o amor, amplia infinitamente a solidariedade. A construção de uma vida feliz passa pela generosidade do coração. Que não falte coragem para construir passagens: do ódio para o amor; da tristeza para a alegria; da escuridão para a luz. A ressurreição do Filho de Deus não é algo do passado. É um acontecimento que se atualiza através de muitos gestos de bondade e generosidade. Onde existe alguém fazendo o bem, aí a ressurreição continua marcando presença. Com um pouco de humildade, é possível perceber quais são as "ressurreições" urgentes e necessárias. Na maior parte das vezes, gasta-se o tempo olhando para a ausência do amor.

Que neste dia especial, a Páscoa de Jesus, a vitória do amor e da vida permitam um novo olhar, um encontro de luz. Que a vida seja vivida com menos: menos preocupações, menos exigências, menos ódio, menos inveja, menos consumo. As crises podem ensinar e indicar onde está o essencial. Jesus aceitou estar no alto de uma dolorida cruz para confirmar que o amor sempre será vitorioso. Então, convém não perder tempo: amar sempre! Feliz Páscoa!

Às vezes, Deus leva você pelo caminho mais longo não para punir, mas para prepará-lo

Os caminhos de Deus não apresentam distâncias. Quem cria as distâncias são os humanos. O mesmo caminho pode ser curto para alguns e longo para outros. Creio que quantidades é uma questão muito terrena. Não há consenso. O que é visto como curto para alguns pode ser longo para outros. Quando há uma enorme confiança em Deus, as distâncias deixam de ser importantes. Caminhos mais longos aumentam a resistência, inspiram superação, acrescentam sabor. A persistência nos exercícios pode incrementar a diversidade de opções. Quem muito se exercita, muito mais se prepara. A vida aguarda por pessoas resistentes. Quanta fragilidade escondida nas aparências. O excesso de exterioridade não garante o necessário vigor. Ainda bem que a fé, cedo ou tarde, é acessada. Começa, então, um outro capítulo existencial.

A espiritualidade pode contribuir infinitamente com a resistência humana. Segurar na mão de Deus é muito mais que um hino a ser cantado. É um jeito criativo que agrega energia aos passos e paz ao coração. Se o caminho é curto ou longo, não importa. A confiança em Deus, que está sempre se movimentando e não desvia o olhar dos seus filhos e filhas, amadurece o coração e intensifica o vigor. Então, ao invés de reclamar de longos caminhos, é melhor perceber que a resistência está se intensificando. Não podem existir dúvidas: quanto mais longo o caminho, maior será a preparação. O sedentarismo provoca estragos e consequências. No campo do cultivo da fé, tem aumentado o número de pessoas "sedentárias". Quanta gente quer bênçãos mas não reza. Deus não aceita acomodação: "ajuda-te que eu te ajudarei". Como é bom saber que Deus nos prepara para coisas maiores.

O que Deus preparou é bem maior

O amanhecer é portador de esperança. A renovação diária deveria ser quase automática! Se o ontem não volta mais, o que está disponível é somente o hoje. Cada dia deve valer a pena. Que haja conexão entre a mente, as mãos e o coração. A harmonia existencial depende da confiança depositada em Deus. Depois de todo o esforço e movimento para dar conta das atividades e compromissos, ainda há algo extraordinário à espera de todos, um recurso incrível: a confiança em Deus.

Enquanto o sono refaz as forças, Deus se encarrega de enviar a luz de um novo dia. Ele sempre está à frente para surpreender e alegrar. A dificuldade humana é entender que Deus nunca abandona. Se a situação está muito complicada, Deus está aí, bem pertinho. Seus braços não se recolhem, pois sabe que muitos vão cair, e ele é rápido em reerguer. A vida é feita de tudo um pouco. Alguns momentos são ótimos, outros não. Tristeza e alegria disputam lugar no coração humano. Apesar de tudo isso, Deus sempre prepara algo bem maior. Ele gosta de surpreender. Não impede o sofrimento, mas não conhece solidão. E saber que muitos não experimentam o amor de Deus. Quanto tempo perdido!

O encontro do humano com o Divino se chama esperança. Quando Deus ama, os intervalos não são dele. É um amor contínuo, sem altos e baixos. Um amor que tem uma única pretensão: o bem da criatura amada. Confiar que Deus preparou algo bem maior é reavivar o amor e o desejo de felicidade.

"E, quando tudo desmoronar, sabe quem vai estar a seu lado? Deus!"

A vida permite infinitas experiências. Nossos passos vão sendo dados entre acertos e erros. Nem tudo o que é sonhado alcança a realização. Alguns projetos aguardam por encaminhamentos. Os momentos mais felizes criam dinamismo para continuar avançando, sempre acreditando no amanhã das possibilidades. Eventualmente algumas coisas desmoronam. Então, os amigos são lembrados, a família é acessada. Na partilha, as lágrimas cessam. Como é importante ter com quem dividir o que parece impossível continuar carregando sozinho. Mesmo assim, no final de tudo, as dores colocam a pessoa diante de si mesma. Os outros até podem ajudar. Mas há um limite.

Bom mesmo é poder contar com Deus, sempre. Talvez não haja ninguém a seu lado nas dificuldades. No entanto, ele nunca se afasta. Contar com Deus é um privilégio de quem tem fé. Ele não é pronto-socorro, mas está de plantão 24 horas. A espiritualidade não permite o desespero. A sintonia com Deus cria, no coração humano, uma grande resistência. Quanto mais próximos de Deus, maior será a fortaleza interior. Sem fé a fragilidade toma conta. Uma grande maioria já captou o segredo: permitir a presença de Deus no próprio coração. Porém, muitos sofrem à toa. Acham que não necessitam de Deus. Ainda bem que ele não desiste de ninguém. Deus não é insistente. Aguarda o momento de cada um. Ama silenciosamente. Ele entra em ação, pois sabe o que vai no coração de cada um. "Obrigado, Senhor, por estar sempre ao nosso lado! Amém!"

E, mesmo quando tudo não vai bem, eu continuo olhando para ti, Senhor. Pois sei que tens o melhor para mim

Em alguns momentos, quando tudo está bem, não olhamos demoradamente para Deus. O olhar só se torna mais profundo, quando as dificuldades se aproximam. É bem interessante: quando tudo está bem, a distração é mais evidente. Olha-se para tudo e para todos, sem se fixar em ninguém. Evidentemente que isso não é regra. Por outro lado, os momentos mais exigentes são marcados por buscas mais profundas. Um exemplo disso é o olhar direcionado à cruz: o sofrimento aproxima do sofredor: Jesus, que sofreu unicamente por amor a nós. Continuar olhando para ele, quando a dor se faz insistente, não é muito fácil. Não desviar o olhar, quando as lágrimas caem, é uma expressão de fé.

O mundo muitas vezes nos oferece inúmeras dicas para aquele momento em que a dor se aproxima: busque esta ou aquela receita, este ou aquele local. A pressa para que a dor passe, desestabiliza a essência. Quando o sofrimento é por demais intenso e demorado, uma das primeiras coisas que as pessoas colocam em dúvida é a fé. É cada vez maior o número daqueles que cultivam a fé para garantir vantagens. Os méritos não dependem dos rituais. É a generosidade de Deus que inspira as melhores bênçãos. Não convém coagir a Deus. A melhor alternativa é estar aberto para realizar a vontade do Pai: "Independentemente do que possa acontecer, continuo olhando para ti, Senhor!".

Deus, obrigado por nunca desistir de mim

Às vezes me pego pensando em como Deus nos vê... Será que ele leva em conta nossas distrações e infidelidades? Se ele contabilizasse tantas palavras desnecessárias, o que seria de nós? Só há uma definição para Deus: amor! Um amor incondicional. Um amor que aceita até nossas distâncias. Que não desiste de aguardar por nossa volta. Se Deus desistisse de nós, como continuaríamos a caminhada? Porém, o fato de não fazer isso, em hipótese nenhuma, não significa que ele aprova todos os nossos atos.

O verdadeiro amor possui uma capacidade infinita de compreensão, mas tem uma exigência igualmente infinita. Por amar profundamente, Deus não aceita o pecado. Ele sabe que o pecado em nada ajuda. Pelo contrário, diminui a dignidade e, consequentemente, a alegria de viver. Muitos caminham distantes desse amor. Talvez não cheguem a lugar nenhum. A liberdade é fruto do amor de Deus. Ele, ao dar a vida, não desejou dependência. Idealizou a liberdade e a depositou no coração humano. É na liberdade que a vida se estabelece e se realiza. O próprio amor precisa de liberdade. Condicionamentos não "convivem" com o amor. Temos que aprender de Deus o verdadeiro jeito de amar. Quando internalizamos o amor de Deus, algo leve e libertador começa acontecer no nosso coração. Quem ama, então, também não desiste. Aprende a lidar com o tempo. Aceita as contradições e continua amando.

"O "não" de Deus, hoje, é sempre o maior bem de amanhã" (Emmanuel)

Ao assumir a condição humana, Deus passou a ser visto com traços humanos. Jesus mostrou o rosto do Pai. Depois disso, relacionar-se com Deus parece ter ficado mais fácil. No imaginário das crianças e dos adultos, ele possui todos os aspectos humanos. Claro, para alguns ele está distante, apenas atento aos erros cometidos. Mas, para a grande maioria, está sempre presente, cuidando e protegendo. Jesus ensinou-nos a chamá-lo de Pai. Agora, há uma liberdade entre a criatura e o Criador! É possível pedir e, também, agradecer. Evidentemente que nem sempre ele dirá "sim". O interessante é que o "não' de Deus só será compreendido lá adiante. Quando pedimos e ele não atende, achamos que ele se esqueceu de nós. Ao contrário, o silêncio de Deus é eloquente. Nos detalhes, ele é perfeição, bondade sem igual. Quando Deus diz "não", ele age como um Pai que sabe o melhor para seus filhos. Nós é que estamos acostumados a fazer unicamente a nossa vontade.

Assim, quem está preocupado somente consigo mesmo, tem dificuldade de entender a vontade de Deus. Mas uma coisa é certa: Deus jamais dirá "não", se não for para o nosso bem. O que parece ser contraditório, num primeiro momento, torna-se uma bênção, depois. Creio ser urgente o exercício de ser aquele filho que deposita total confiança no Senhor. Em tempos de excessiva autonomia, muitos já se esqueceram que devem agir como filhos. Um dia, depois de ter percorrido todos os caminhos, poderemos dizer: "Senhor, obrigado por ter dito 'não' naquele momento".

Se o céu já é bonito, imagina Deus!

No relacionamento humano, num determinado momento, sentimos necessidade de ver o rosto da pessoa. Não basta conhecer a voz. É preciso enxergar o semblante. Quando olhamos para o céu, surge um desejo: saber como é o rosto de Deus. As deduções podem ajudar: se o céu é tão belo, imagina o rosto de Deus?! Internalizar uma imagem de Deus faz um bem enorme. É um tanto arriscado afirmar, mas uma grande maioria desconhece o verdadeiro rosto de Deus. Não são poucos os que sentem medo de Deus, colocando, antes do amor, o castigo. Alguns relacionam a imagem de Deus a partir das experiências humanas. Se o pai era severo, pensam que Deus é excessivamente exigente e duro. Quando olhamos para Deus sob a ótica da misericórdia, captamos sua verdadeira imagem. Isso não significa que Deus permite tudo. Ao contrário, a exigência divina está embutida no amor. Antes de exigir, Deus ama. Assim, o seu amor é exigente.

Por muito tempo, imaginou-se que Deus fosse muito distante e também rigoroso. Em épocas mais recentes, alguns imaginam que Deus não faz nenhuma exigência. Mas o rosto verdadeiro de Deus foi mostrado por Jesus. Ele mesmo afirmou: "quem me vê, vê o Pai". Não é encantadora a imagem de Jesus, o Bom Pastor?! Ele impõe ritmo no caminhar das "ovelhas", mas não desvia o olhar em nenhum instante. Se necessário, carrega a ovelha ao colo.

Que o amor possa revelar o verdadeiro semblante de Deus. Enquanto isso, continuo olhando para o infinito e, cada dia, penso e sinto que o rosto de Deus-Amor é simplesmente maravilhoso!

"Foi no calvário que ele, sem falar, mostrou ao mundo inteiro o que é amar!"

É alentador saber que alguém já trilhou o caminho que estamos percorrendo. Passar por onde outros caminheiros passaram, inspira confiança. Jesus, um dia, subiu o calvário. Ele sabia o que estava por vir. Poderia ter fugido ou desistido da verdade. Escolheu ir até o fim. Graças à fidelidade dele, o mundo inteiro aprendeu o que significa amar. Quando tudo está bem, é fácil expressar amor. Quando as lágrimas caem, tudo fica mais exigente. É interessante que, ao abordar o amor, a grande maioria descarta o seu lado exigente. A faceta romântica do amor é apenas uma parte da vida. Entende verdadeiramente de amor quem acolhe a cruz. Sem a cruz, o amor é incompleto.

Afinal, é possível amar sem sofrer? No âmago do amor está também a dor. Um sofrimento que não leva ao desespero. Mas que não deixa de ser sofrimento. E como tal, supõe serenidade, paciência e muita fé. Quando a fé não caminha de mãos dadas com o amor, a vida se fragiliza. Não restam dúvidas: para amar verdadeiramente, é necessário ter fé. Por isso, ao olhar para o alto da cruz, antes do sofrimento está o amor. Somente um grande amor foi capaz de tamanha dor. Seguindo os passos de Jesus, entendemos a dinâmica do amor e o segredo da dor. Se não houvesse sofrimento, o amor nunca amadureceria. As crises são benéficas, as dores ensinam. O amor não deixa de ser um aprendizado que passa pela dor.

"Não dá mais para voltar, o barco está em alto-mar... Não dá mais para negar: o mar é Deus, e o barco sou eu. E o vento forte que me leva para a frente é o amor de Deus" (Jonas Abib)

Sentir-se como um barco em alto-mar é uma experiência única. O olhar se volta para todos os lados. Não existe nada, além da água. Por vezes, outros barcos são avistados, bem distantes. Então, nada melhor do que recordar que o mar é Deus e o vento forte que faz o barco avançar é o amor de Deus. Não há como voltar. Mas nem é necessário voltar. Se existe o barco, é para navegar. Deixa o vento levar... Que serenidade saber que o vento é o amor de Deus. Nem parece vento. É uma brisa suave. O encontro do barco com o mar inspira o encontro da criatura com o Criador. Somos barco e Deus é o mar. Então, a que temer? Ele nos envolve de todos os lados. Vive ocupado conosco. Fica na torcida para que acertemos o caminho. Além disso, nos dá o vento do seu amor, que nos permite avançar, sem o desgaste de remar. Se a fé não passar pela experiência, não é fé.

Para muitas pessoas, Deus é distante, encontra-se perdido entre as nuvens. Para outros, ele é rígido e enérgico. O Deus que Jesus veio apresentar é misericordioso. Ele abraça intensamente suas criaturas. Cura as feridas, seca as lágrimas, devolve a esperança. Carrega ao colo. Num Deus assim vale a pena acreditar. Ele usa o amor para nos corrigir. Não quer condenar ninguém. Mas não abre mão da liberdade. Espera que cada um use adequadamente a liberdade. Além de tudo, preparou um "lugar" no céu. Para merecer esse "lugar", é preciso amar. Amar aqueles que não nos amam. Vamos continuar no barco rumo ao infinito, pois Deus é o mar, e o vento é o amor dele por nós!

... Sim, eu sei que virão dificuldades. Mas existe "alguém" que toma conta de nós

A vida supõe entendimento e encantamento. Viver é estar disposto a acolher o que vier. As pessoas podem ter lá seus gostos e preferências, mas a vida nem se importa com isso. As dificuldades não esperam ser convidadas. Simplesmente chegam. Depois, para irem embora, levam algum tempo. Bom é saber que, depois do esforço pessoal, ainda resta mais outra força: Deus. Ele toma conta de cada um de nós. Não interfere nem se adianta para fazer a parte que nos compete. Ele é paciente e prudente.

Caminhar neste mundo sabendo que Deus não se afasta em nenhum momento, é simplesmente consolador. O interessante é que Deus está sempre atento e pronto. Contar com essa "força" é seguir serenamente pelos caminhos da vida. Que pena que muitos não se entrelaçam com o amor de Deus. Buscam explicações. Deus não se deixa compreender apenas pelo conhecimento. O "lugar" preferido de Deus é o coração. E o coração é o espaço da experiência. Sim, a parceria com Deus se dá na experiência. Quem experimenta o seu amor, acaba mudando de vida e de cosmovisão. Muitos falam de Deus, mas estão distantes da verdadeira espiritualidade.

Que esse caminho que nos aproxima do Criador possa ser percorrido com aquela mesma alegria de uma criança que abre os braços para se jogar no colo do pai. Deus é Pai! Amém.

Deus não promete um céu sempre azul... mas promete fazer passar a tempestade

Nossa relação com Deus deveria ter laço e abraço. Nascemos do seu coração amoroso. Assumimos uma existência, feita de aprendizados e buscas. Caminhamos, tentando acertar o rumo. Experimentamos uma diversidade de sentimentos. Por um lado, gostaríamos de que tudo fosse simplificado, com a marca da facilidade. Quantos pedem a Deus que ele os distancie de qualquer sacrifício. Deus não atende mesmo a certos pedidos. Ele nunca vai garantir que o céu permanecerá sempre azul. Porém, o amor de Deus se curva até a criatura, feita a sua imagem e semelhança. E faz uma promessa: a tempestade vai passar. Só de saber que a tempestade vai passar, é suficiente para continuar reavivando a esperança no coração. De nada adianta pedir que o céu seja sempre azul se, muitas vezes, esquecemos de olhar para o céu. Melhor mesmo é guardar em nosso íntimo, lá onde a fé se faz luz, que a tempestade vai passar. Num Deus assim vale a pena acreditar. Mas não basta acreditar em Deus, quando a tempestade já se levantou. O amor de Deus não aceita intervalos nem recesso. É um amor contínuo, que aguarda, que compreende e que ama infinitamente.

Longe de nós exigir um céu sempre azul. Porém, que dentro de nós esteja um grande amor que não tem medo da tempestade, porque confia naquele que é maior do que qualquer tempestade. Amém!

Rua Dona Inácia Uchoa, 62
04110-020 – São Paulo – SP (Brasil)
Tel.: (11) 2125-3500
http://www.paulinas.com.br – editora@paulinas.com.br
Telemarketing e SAC: 0800-7010081